30.
APRIL

Das ist dein Tag

DEIN STAMMBAUM

| Urgroßvater | Urgroßmutter | Urgroßvater | Urgroßmutter |

Großmutter

Großvater

VORNAME UND NAME:

....

GEBOREN AM:

Mutter

....

UHRZEIT:

....

GEWICHT UND GRÖSSE:

....

STADT:

Ich

....

LAND:

....

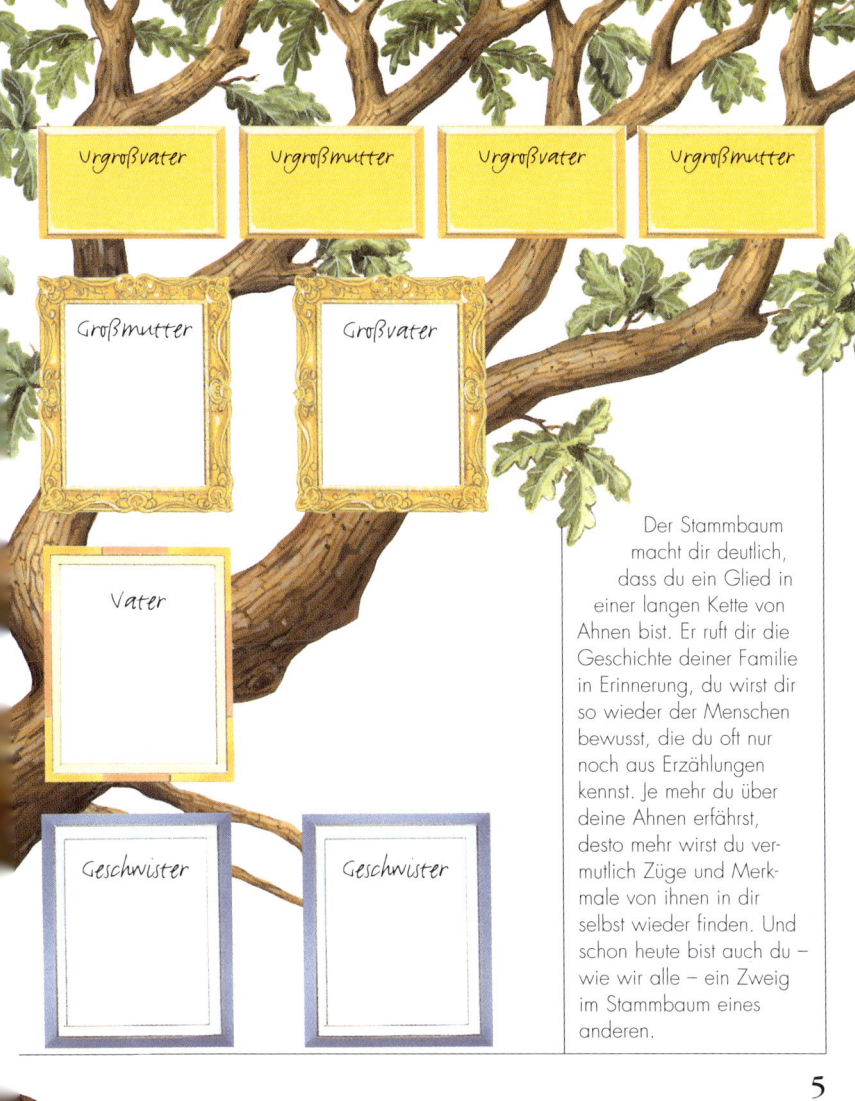

Der Stammbaum macht dir deutlich, dass du ein Glied in einer langen Kette von Ahnen bist. Er ruft dir die Geschichte deiner Familie in Erinnerung, du wirst dir so wieder der Menschen bewusst, die du oft nur noch aus Erzählungen kennst. Je mehr du über deine Ahnen erfährst, desto mehr wirst du vermutlich Züge und Merkmale von ihnen in dir selbst wieder finden. Und schon heute bist auch du – wie wir alle – ein Zweig im Stammbaum eines anderen.

Der Kreis des Kalenders

Was wären wir ohne unseren Kalender, in dem wir Geburtstage, Termine und Feiertage notieren? Julius Cäsar führte 46 v. Chr. den Julianischen Kalender ein, der sich allein nach dem Sonnenjahr richtete. Aber Cäsar geriet das Jahr ein wenig zu kurz, und um 1600 musste eine Abweichung von zehn Tagen vom Sonnenjahr konstatiert werden. Der daraufhin von Papst Gregor XII. entwickelte Gregorianische Kalender ist zuverlässiger. Erst nach 3.000 Jahren weicht er um einen Tag ab. In Europa setzte er sich jedoch nur allmählich durch. Russland führte ihn zum Beispiel erst 1918 ein, deshalb gibt es für den Geburtstag Peters des Großen zwei verschiedene Daten.

Die Zyklen von Sonne und Mond sind unterschiedlich. Manche Kulturen folgen in ihrer Zeitrechnung und damit in ihrem Kalender dem Mond, andere der Sonne. Gemeinsam ist allen Kalendern, dass sie uns an die vergehende Zeit erinnern, ohne die es natürlich auch keinen Geburtstag gäbe.

DER KREIS DES KALENDERS

Die Erde dreht sich von West nach Ost innerhalb von 24 Stunden einmal um ihre Achse und umkreist als der dritte von neun Planeten die Sonne. All diese Planeten zusammen bilden unser Sonnensystem. Die Sonne selbst ist ein brennender Ball aus gigantisch heißen Gasen, im Durchmesser mehr als 100-mal größer als die Erde. Doch die Sonne ist nur einer unter aberhundert Millionen Sternen, die unsere Milchstraße bilden; zufällig ist sie der Stern, der unserer Erde am nächsten liegt. Der Mond braucht für eine Erdumrundung etwa 28 Tage, was einem Mondmonat entspricht. Und die Erde wiederum dreht sich in 365 Tagen und sechs Stunden, etwas mehr als einem Jahr, um die Sonne. Das Sonnenjahr teilt sich in zwölf Monate und elf Tage, weshalb einige Monate zum Ausgleich 31 statt 30 Tage haben.

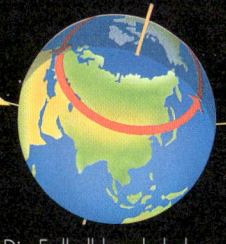

Die Erdhalbkugeln haben konträre Jahreszeiten.

So wirken die Sterne

Die Sonne, der Mond und die Planeten folgen festen Himmelsbahnen, die sie immer wieder an zwölf unveränderten Sternbildern vorbeiführen. Ein vollständiger Umlauf wird in 360 Gradschritte unterteilt. Die Sonne befindet sich etwa einen Monat in jeweils einem dieser Zeichen, was einem Abschnitt von 30 Grad entspricht. Da die meisten dieser Sternkonstellationen von alters her Tiernamen erhielten, wurde dieser regelmäßige Zyklus auch Zodiakus oder Tierkreis genannt.

Schon früh beobachteten die Menschen, dass bestimmte Sterne ganz speziell geformte, unveränderliche Gruppen bilden. Diesen Sternbildern gaben sie Namen aus dem Tierreich oder aus der Mythologie. So entstanden unsere heutigen Tierkreiszeichen, die sich in 4.000 Jahren kaum verändert haben. Die festen Himmelsmarken waren von großem praktischen Wert: Sie dienten den Seefahrern zur Navigation. Zugleich beflügelten sie aber auch die Phantasie. Die Astrologen gingen davon aus, dass die Sterne, zusammen mit dem Mond, unser Leben stark beeinflussen, und nutzten die Tierkreiszeichen zur Deutung von Schicksal und Charakter eines Menschen.

SO WIRKEN DIE STERNE

WIDDER: 21. März bis 20. April ♈

STIER: 21. April bis 20. Mai ♉

ZWILLING: 21. Mai bis 22. Juni ♊

KREBS: 23. Juni bis 22. Juli ♋

LÖWE: 23. Juli bis 23. August ♌

JUNGFRAU: 24. August bis 23. September ♍

WAAGE: 24. September bis 23. Oktober ♎

SKORPION: 24. Oktober bis 22. November ♏

SCHÜTZE: 23. November bis 21. Dezember ♐

STEINBOCK: 22. Dezember bis 20. Januar ♑

WASSERMANN: 21. Januar bis 19. Februar ♒

FISCHE: 20. Februar bis 20. März ♓

Im Zeichen des Mondes

Den Tierkreiszeichen werden jeweils bestimmte Planeten zugeordnet: Dem Steinbock ist der Planet Saturn, dem Wassermann Uranus, dem Fischen Neptun, dem Widder Mars, dem Stier Venus und dem Zwilling Merkur zugeordnet; der Planet des Krebses ist der Mond, für den Löwen ist es die Sonne. Manche Planeten sind auch mehreren Tierkreiszeichen zugeordnet. So ist der Planet der Jungfrau wie der des Zwillings Merkur. Der Planet der Waage ist wie bereits beim Stier Venus. Die Tierkreiszeichen Skorpion und Schütze haben in Pluto und Jupiter ihren jeweiligen Planeten.

Der Mond wandert in etwa einem Monat durch alle zwölf Tierkreiszeichen. Das heißt, dass er sich in jedem Zeichen zwei bis drei Tage aufhält. Er gibt dadurch den Tagen eine besondere Färbung, die du als Stier anders empfindest als andere Sternzeichen.

In welchem Zeichen der Mond heute steht, erfährst du aus jedem gängigen Mondkalender. Der Mond im **Widder** wirkt wie ein Muntermacher. Der bequeme Stier kommt schneller in die Gänge. Was passiert, wenn Beharrlichkeit sich potenziert? Wenn **Stier**-Tag ist, dann erfährt es bald jeder. Ist der Mond im **Zwilling**, haben Pavarotti & Co. ausgespielt,

Unser Sonnensystem mit den neun Planeten

Stiere singen an diesen Tagen besser als die gesamte Weltelite. Auf den Mond im **Krebs** reagiert der Stier sentimental. Wünscht man sich aber sein Lieblingsgericht, verfliegt diese Laune augenblicklich und er startet eine Kochorgie. Wenn ein Stier mit stolzgeschwellter Brust aus einer wichtigen Besprechung kommt, dann ist ohne Zweifel **Löwe**-Mond. Wenn ein Stier einmal vernünftig isst anstatt zu schlemmen, ist garantiert **Jungfrau**-Tag. Für Stiere machen **Waage**-Tage den Genuss zum Kunstgenuss, oder Kunst zum Genuss, oder Genuss zur Kunst, oder ... Geht der Mond durch den **Skorpion**, dann gibt der Stier nur sehr ungern Geld aus – es sei denn, es ist wirklich gut angelegt ... Ist **Schütze**-Tag, dann kann man einen Stier wahrscheinlich dazu bewegen, eine Luxusreise rund um die Welt zu buchen. Steht der Mond im **Steinbock**, dann sollte ein diätwilliger Stier seine Kur beginnen. Jetzt fällt das asketische Leben leichter als sonst. Dass der Mond durch den **Wassermann** geht, erkennt man beim Stier daran, dass er plötzlich aus seinen Gewohnheiten fällt. An einem **Fische**-Tag lässt sich der sonst so bodenständige Stier von irrationalen Gedanken und undefinierbaren Gefühlen gewaltig irritieren.

ERKENNE DICH SELBST

Die im Zeichen des Stiers Geborenen lieben den Luxus. Sie sind Kunst- und Musikliebhaber und geradezu süchtig nach Genuss. Ihre Lebenseinstellung ist ehrlich und unkompliziert. Sie genießen Reichtum und Macht, haben es aber nicht nötig, mit ihren Erfolgen zu prahlen. Man darf ihre Gutmütigkeit und Gelassenheit jedoch keinesfalls als Schwäche auslegen. Sie sind sehr hartnäckig, und mit

Stiergeborene setzen ihre enorme Energie ein, um Stabilität und Sicherheit zu erreichen. Sie sind auch eigensinnig: Wenn es nicht nach ihrem Kopf geht, schalten sie leicht auf stur.

STIER

Der beherrschende Planet des Stiers ist die Venus, der Planet der Liebe und Schönheit. Unter ihrem Einfluss legen Stiere vor allem Wert darauf, sich mit schönen Dingen zu umgeben. Die drei Stierdekaden reichen vom 21.4. bis 30.4., vom 1.5. bis 11.5. und vom 12.5. bis 20.5., und jede von ihnen hat ihre eigenen Kennzeichen. Allen Stieren gemeinsam ist ihre Erdverbundenheit, die ihnen Stärke und Verlässlichkeit verleiht.

ihrer Willenskraft können sie Berge versetzen. Aufbrausend sind sie nicht, doch wenn ihr Zorn einmal geweckt ist, sollte man ihnen besser aus dem Weg gehen! Zu den positiven Eigenschaften der Stiere gehören Geduld, Unerschrockenheit und Großzügigkeit. Sie sind aber auch eifersüchtig, besitzergreifend und verschlossen. Alle Tierkreiszeichen haben ihre bestimmten Glücksbringer. Die Farbe des Stiers ist ein leuchtendes Hellrot, seine Blumen sind das Gänseblümchen und die Butterblume, sein Edelstein der Lapislazuli. Seine Tiere sind der Karpfen, der Jak, der Dackel, die Taube und der Maikäfer. Als sein Glückstag gilt der Freitag.

MENSCHEN DEINER DEKADE

Der auch als Riese oder Jäger bekannte Orion ist das Sternbild, das traditionell mit der ersten Stierdekade verbunden wird. Die in dieser Zeit Geborenen sind selbstbewusste Menschen.

An der Spitze der in der ersten Stierdekade Geborenen stehen vier königliche Häupter: **Isabella I.** von Spanien (22. April 1451), deren Tatkraft und Mut Kolumbus zu seinen Reisen in die Neue Welt anregten; Zar **Alexander II.** (29. April 1818), der wichtige innenpolitische Reformen einleitete, aber als Folge einer repressiven Phase seiner Herrschaft ermordet wurde; **Elisabeth II.** (21. April 1926), die gegenwärtige Königin Großbritanniens, die alle Angriffe auf die Rolle der modernen Monarchie scheinbar mühelos pariert, sowie **Ludwig IX.** von Frankreich, genannt Ludwig der Heilige (25. April 1214, Abb. li.), ein äußerst beliebter König und Kreuzfahrer, der in Tunesien im Kampf für den Glauben fiel.
Der weltberühmte Dichter **William Shakespeare** (23. April 1564) wurde ebenso in dieser Dekade geboren wie der Virtuose **Yehudi Menuhin** (22. April 1916, Abb. u.),

MENSCHEN DEINER DEKADE

der die Musikwelt schon als Sechsjähriger mit seinem Geigenspiel verblüffte. **Wladimir Iljitsch Lenin** (22. April 1870) führte die bolschewistische Revolution in Russland an. Der japanische Kaiser **Hirohito** (29. April 1901) begann seine Regentschaft als gottgleich, schwor aber später seiner Göttlichkeit ab und war »nur noch« Mensch.
Unter den Künstlern ragen vor allem zwei Meister der Darstellung des Lichts heraus: **William Turner** (23. April 1775, Abb. S. 14 o. re.), der englische Maler der Romantik, sowie der Franzose **Eugène Delacroix** (26. April 1798, Abb. o. re.). Beide waren kühne Vorläufer des Impressionismus.
Auch einige große Erfinder wurden in dieser ersten Stierdekade geboren: **Guglielmo Marconi** (Radio, 25. April 1874), **Samuel Morse** (Telegraf und Morsealphabet, 27. April 1791) sowie **Ferrucio Lamborghini** (Sportwagen; 28. April 1916).
Zuletzt ist hier noch eine Reihe von Filmstars zu nennen: etwa **Jack Nicholson** (22. April 1937), der mit seinem mürrischen Charme zu den begehrtesten Schauspielern Hollywoods zählt; **Shirley Temple** (23. April 1928, Abb. o.), die als Kinderstar die Herzen ihres Publikums eroberte; des Weiteren

Uma Thurman (29. April 1970) und **Michèle Pfeiffer** (29. April 1957), beides Schauspielerinnen mit besonderem Sexappeal; und **Barbra Streisand** (24. April 1942), eine Darstellerin, die sich in letzter Zeit rar macht.

Ein Aussergewöhnlicher Mensch

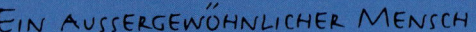

Am 30. April 1870 wurde Franz Lehár in Komorn, Ungarn, geboren, das damals zu Österreich-Ungarn gehörte. Bevor er mit seinen schönen Operetten Berühmtheit erlangte, war er als Orchestergeiger tätig und wurde dann, wie schon sein Vater, Militärkapellmeister in Triest, Budapest und Wien.

30. April

Der Graf von Luxemburg
Operette in drei Akten von A. M. Willner und Rob. Bodanzky
Musik von Franz Lehár

Ursprünglich komponierte Franz Lehár ernste Opern, doch echte Anerkennung und große Popularität erreichte er erst mit heiteren Operetten, wobei es sich anfangs um kurze, einaktige Opern handelte. *Die lustige Witwe*, die 1905 im Wiener Opernhaus uraufgeführt wurde – Wien war damals das Zentrum der Oper –, machte ihn über Nacht berühmt und zugleich in den Augen so manchen Operettenliebhabers zum Nachfolger anderer Operettenkomponisten wie Franz von Suppé und Johann Strauß. Lehárs Beliebtheit, die nach 1925 abgenommen hatte, wuchs 1929 mit seiner Operette *Das Land des Lächelns* wieder, die in Wien mit dem berühmten Tenor Richard Tauber in der Hauptrolle aufgeführt wurde. Am 24. Oktober 1948 starb Lehár in Bad Ischl in Österreich. Zu seinen bekanntesten Operetten gehören *Der Graf von Luxemburg*, *Zigeunerliebe* und *Paganini*.

An diesem ganz besonderen Tag

Am 30. April 1812 wurde **Louisiana** der 18. Staat der USA. Bereits 1803 hatte Napoleon I. den Amerikanern im sogenannten »Louisiana Purchase« für 15 Millionen Dollar New Orleans und die französischen Besitztümer westlich des Mississippi verkauft. Das Staatsgebiet der USA hatte sich damit durch die 2,3 Millionen Quadratkilometer nahezu verdoppelt.

Mit der Eroberung und Kapitulation Südvietnams endete am 30. April 1975 der **Vietnamkrieg**. Dies war der Schlusspunkt eines langen, blutigen Krieges, der von allen Beteiligten mit unbarmherziger Härte geführt wurde und für unendliches Leid unter der Bevölkerung gesorgt hatte. Tausende von Flüchtlingen verließen aus Furcht vor den heranrückenden nordvietnamesischen Streitkräften ihre Heimat.

Adolf Hitler beging am 30. April 1945 im Tiefbunker unter der Reichskanzlei Selbstmord. Mit ihm nahm sich auch Eva Braun, die er kurz vorher geheiratet hatte, das Leben. Einen Tag später folgte Joseph Goebbels. Das **tausendjährige Reich** der Nationalsozialisten hatte damit sein grausiges Ende gefunden.

Am 30. April 1925 strömte eine Unzahl von Besuchern in eine Kunstausstellung in Paris: die »Exposition Internationale des Arts Décoratifs et Industriels Modernes« fand sehr viel Interesse. Die Schau, der die Kunstrichtung **Art déco** ihren Namen verdankt, stellte modernes

30. April

Kunsthandwerk und Industriedesign vor. Einige der damals bekanntesten (und umstrittensten) Künstler zeigten ihre für die damalige Zeit oft sehr gewagten Schöpfungen. Die Mode von Chanel und Lanvin erregte ebenso großes Aufsehen wie die ungewöhnliche Glaskunst von René Lalique oder die zart hingetupften Tapetenmuster von Marie Laurencin.

Am 30. April 311 wurde, zumindest offiziell, die Christenverfolgung durch das Römische Reich beendet. Im **Toleranzedikt**, das der römische Kaiser Galerius an diesem Tag erließ, wurde den Christen versprochen, dass sie von nun an »ohne Angst und Belästigung ... ihre eigene Meinung sagen, ... sich versammeln ... und ihre Gebete zu ihrem Gott sprechen dürfen ...«. Als einzige Pflicht verlangte er von den Christen, sich römischer Gerichtsbarkeit und römischem Recht zu unterstellen.

Ein Tag, den keiner vergisst

George Washington trat am 30. April 1789 sein hohes Amt als erster Präsident der Vereinigten Staaten von Amerika an. Der General, der die 13 Kolonien zuvor in die Unabhängigkeit geführt hatte, war einstimmig gewählt worden.

Bei der Zusammenstellung seines Kabinetts – ihm gehörten Thomas Jefferson als Staatssekretär und Alexander Hamilton als Schatzmeister an – achtete der erste Präsident der USA sehr auf Ausgewogenheit: Zwei Mitglieder stammten aus dem Süden, zwei aus dem Norden und einer aus dem mittleren Teil der USA. George Washington entstammte einer wohlhabenden Grundbesitzerfamilie aus Virginia. Mit 20 erwarb er sich (auf Seiten der Engländer) erste Verdienste im *French and Indian War* (Siebenjähriger Krieg, 1754–63), mit 23 war er bereits Befehlshaber der Truppen seines Heimatstaates. Damals schrieb er an seinen Bruder:

30. April

»Ich hörte, wie mir die Kugeln um die Ohren pfiffen, und ich muss gestehen, es war ein durchaus faszinierendes Geräusch für mich.« Nach dem Krieg verbrachte Washington 20 Jahre mit der Verwaltung seiner Tabakplantagen.
Als 1774 der amerikanische Unabhängigkeitskrieg immer näher rückte, wurde George Washington nach Philadelphia entsandt – knapp ein Jahr darauf erhielt er den Oberbefehl über die wild zusammengewürfelten Truppen der 13 Kolonien, die um ihre Unabhängigkeit von England kämpften. Der General machte aus diesem »chaotischen Haufen« eine Armee, die in der Lage war, gegen die wohl organisierte Continental Army zu kämpfen und sie zu besiegen. Als die USA eine eigene Verfassung hatten, hatten alle nur einen Präsidenten vor Augen: George Washington! Nur ihm traute man zu, den vielen neuen politischen Gruppierungen den nötigen Respekt abzuverlangen und zugleich dem jungen Bundesstaat zu Ansehen in Europa zu verhelfen.

ENTDECKT & ERFUNDEN

Jeden Monat – manchmal sogar jeden Tag – werden große oder kleine Dinge erfunden, die unser tägliches Leben verändern. Auch der April bildet da keine Ausnahme ...

Das **Jo-Jo** wurde von dem amerikanischen Spielzeughersteller Louie Marx erfunden und am 1. April des Jahres 1929 erstmals auf den Markt gebracht. Seither verkauft es sich millionenfach. Am 15. April 1955 gründete der Verkäufer Ray Kroc die heute weltbekannte Restaurantkette **McDonald's**. Per Zufall war Kroc 1954 im kalifornischen San Bernadino auf den Hamburgerstand von Richard und Maurice McDonald gestoßen. Sofort erkannte er die riesigen Marktchancen. Ray Kroc, der 1983 starb, nutzte die Methoden der Massenproduktion und machte so aus dem Mc Donald Burger das erfolgreichste Fastfoodprodukt aller Zeiten.

Am 21. April 1913 ließ sich der amerikanische Erfinder Gideon Sunback, der aus Schweden stammte, den **Reißverschluss** patentieren. Seine Erfindung geht auf einen ersten erfolglosen Ansatz aus dem Jahr 1893 zurück. Damals hatte ein gewisser Whitcomb Judson versucht, Schuhreissverschlüsse auf den Markt zu bringen, was ihm aller-

ENTDECKT & ERFUNDEN

dings nicht gelang. Sunbacks Erfindung jedoch wurde zu einem weltweiten Erfolg, als die Armee diesen neuartigen Verschluss gleich in größeren Mengen orderte.

Im April 1922 gelang es Frederick Banting (Abb. re.) zusammen mit einem Kollegen, C.H. Best, das Hormon **Insulin** in ausreichenden Mengen zu isolieren. Dadurch konnte im Lauf der Zeit sehr vielen Diabetikern das Leben gerettet werden. Ein Jahr später, 1923, erhielt Banting dann den Nobelpreis für Medizin.

Der erste **Taschenrechner** trat im April 1972 seinen Siegeszug an. Der geniale englische Erfinder Clive Sinclair hat ihn entwickelt.

Auch viele andere berühmte Erfindungen kamen im April heraus: Am 6. April 1938 erfand zum Beispiel Roy Plunkett aus New Jersey im Grunde zufällig **Teflon**, ein Material, das heute viel für Antihaftpfannen verwendet wird. Eigentlich war er auf der Suche nach einer neuen Art von Kühlmittel.

In London wurden am 1. April 1814 erstmals Straßen mit **Gasstraßenlampen** beleuchtet.

Im Rhythmus der Natur

Zweimal im Jahr machen sich die Schwalben auf ihre weite Reise: Im Herbst fliegen sie in den warmen Süden Afrikas, um im Frühling den langen Weg zurück nach Europa anzutreten. Schwalben haben einen langen, gegabelten Schwanz und sehr große Flügel. Sie sind hervorragende Flugkünstler. Ihr Federkleid ist blau- bis schwarzglänzend.

Die Obstbäume blühen, der Frühling steht vor der Tür – eine Zeit des kraftvollen Neubeginns in der Natur. Die Rückkehr der Schwalbe gilt weltweit als sicherster Vorbote wärmeren Wetters.

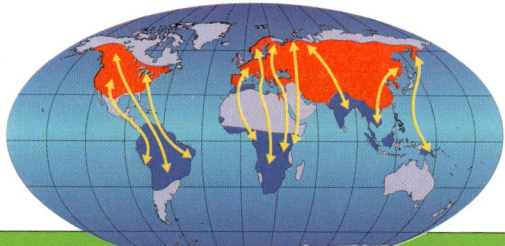

FRÜHLING

Die japanische Zierkirsche gehört inzwischen auch in unseren Breiten zum Bild des Frühlings. Der Baum stammt ursprünglich aus China und spielt dort als Symbol nationaler Identität eine wichtige Rolle. Auch als Bildmotiv ist der Baum allgegenwärtig, so zum Beispiel auf der oben abgebildeten Spielkarte.

Im Frühling fliegen die Bienen und andere Insekten von Blüte zu Blüte, saugen deren Nektar ein und bestäuben sie. Es ist die Zeit der Fortpflanzung im Tierreich. Manche Vögel legen Tausende von Kilometern zurück, um ihren Partner zu finden. Im März machen sich die Weibchen der Spermwale auf den langen Weg von den arktischen Meeren bis nach Sri Lanka, um auf die Männchen ihrer Art zu treffen. Seehundweibchen wiederum zieht es in dieser Jahreszeit von Grönland an die Küsten Kanadas, um dort an Land ihre Jungen zur Welt zu bringen, die dann leider allzu häufig als Beute von Felljägern enden.

So feiert die Welt

April, der Monat der Wiedergeburt und der Erneuerung, ist auf der ganzen Welt ein Monat voller Feste und Feiern, die allesamt auf die eine oder andere Art mit dem beginnenden Frühjahr zu tun haben. Für Christen ist Ostern das zentrale Fest. Karfreitag und Ostersonntag sind die wichtigsten christlichen Feiertage, weil an diesen Tagen Christus gekreuzigt wurde und dann wiederauferstanden ist. Im Unterschied zu anderen christlichen Festen ist Ostern beweglich: Es fällt immer auf den ersten Sonntag nach dem ersten Vollmond, der auf den Frühlingsanfang folgt.
Die Juden feiern im April das Passah-Fest, das an ihren Auszug aus Ägypten erinnert, wo das jüdische Volk viele Jahre in Knechtschaft verbracht hatte. Das achttägige Fest beginnt mit der Seder-Nacht, in der traditionsgemäß jeder Vater seinen Kindern die Geschichte von Moses, den Zehn Plagen und der wundersamen Durchquerung des Roten Meeres erzählt.

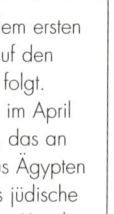

In Südostasien feiern die Buddhisten, deren Kalender sich nach dem Mond richtet, ihr Neujahrsfest. Jeder Gläubige nimmt ein rituelles Bad und zieht sich neue Kleider an, was die Reinigung von Körper und Seele mit dem Beginn des neuen Jahres symbolisiert. Wasser ist bei dieser Feier von sehr großer Bedeutung. Bisweilen bespritzen die Menschen einander damit und sind dankbar für die willkommene Erfrischung, da in diesen Breiten April der heißeste Monat des Jahres ist. In Thailand wird Songkran gefeiert, wobei sogar Häuser, Statuen und Tempel »gebadet« werden. In Birma nennt man es das Thingyan-Fest (Fest des Wandels), und es dauert drei Tage. Auch in Chinas Yunnan-Provinz wird

FESTE IM APRIL

Mitte April traditionell Wasser verspritzt, um die Trauer und die Sorgen wegzuwaschen.
Doch nicht alle Feste sind religiöser Art: Die spanischen Ferias gehen auf Viehmärkte im 13. Jahrhundert zurück. Die berühmteste Feria ist die von Sevilla. Sie läutet eine Zeit der Festivals ein, die drei Monate dauert und während der auch alle umliegenden Dörfer ihre eigenen Feste veranstalten. In Sevilla wird es traditionsgemäß mit einem Stierkampf eröffnet. Die andalusischen Reiter

lassen sich auf ihrem Ritt durch die Stadt gern von unzähligen Zuschauern bewundern. Schließlich werden im April auch einige Erntefeste gefeiert, zum Beispiel das Fest des Heiligen Georg, das am 23. April stattfindet und besonders auf Kreta, in Polen und in Spanien begangen wird.

Die Idee für den Tag

Material:

20 mm dickes Fichtenholz (Körper)
3 mm dickes Sperrholz (Flügel)
Vierkantholz, 25 x 25 x 250 mm
Rundhölzer mit Ø 10 und 20 mm
2 Messingrohre (Ø 5 mm, je 25 mm lang),
2 Unterlegscheiben
2 Schrauben, 3,5 x 60 mm

❶ Teile aussägen

1. Einzelteile aussägen
Körper aus Fichtenholz und 4 Flügel aus Sperrholz aussägen, die Kanten schleifen. In der angegebenen Dicke je ein Loch (Ø 20 mm, 1) für die Flügelbefestigung und ein Loch (Ø 10 mm, 2) für das Standholz bohren.

❷ Drehmechanismus

2. Drehmechanismus anfertigen
Vom Vierkantholz 2 je 11 cm lange Stücke abschneiden, die Enden 2 cm tief diagonal, jeweils um 180 Grad versetzt, zum Einschieben der Flügel einsägen. Mittig durch die Hölzer je ein Loch (Ø 5 mm) bohren. Die Messingrohre in die Bohrungen stecken. Schraube durch eine Unterlegscheibe, dann durch das Messingrohr schieben und in ein 14 cm langes Rundholz (Ø 20 mm) mittig einschrauben. Rundholz durch die Bohrung im Körper stecken, andere Seite gegengleich befestigen.

❸ Flügel befestigen

3. Flügel befestigen und Windspiel bemalen
Flügel in die Einschnitte an den Vierkanthölzern stecken, eventuell mit Kleber fixieren. Hahn auf das zweite Standholz stecken. Nach Belieben bemalen.

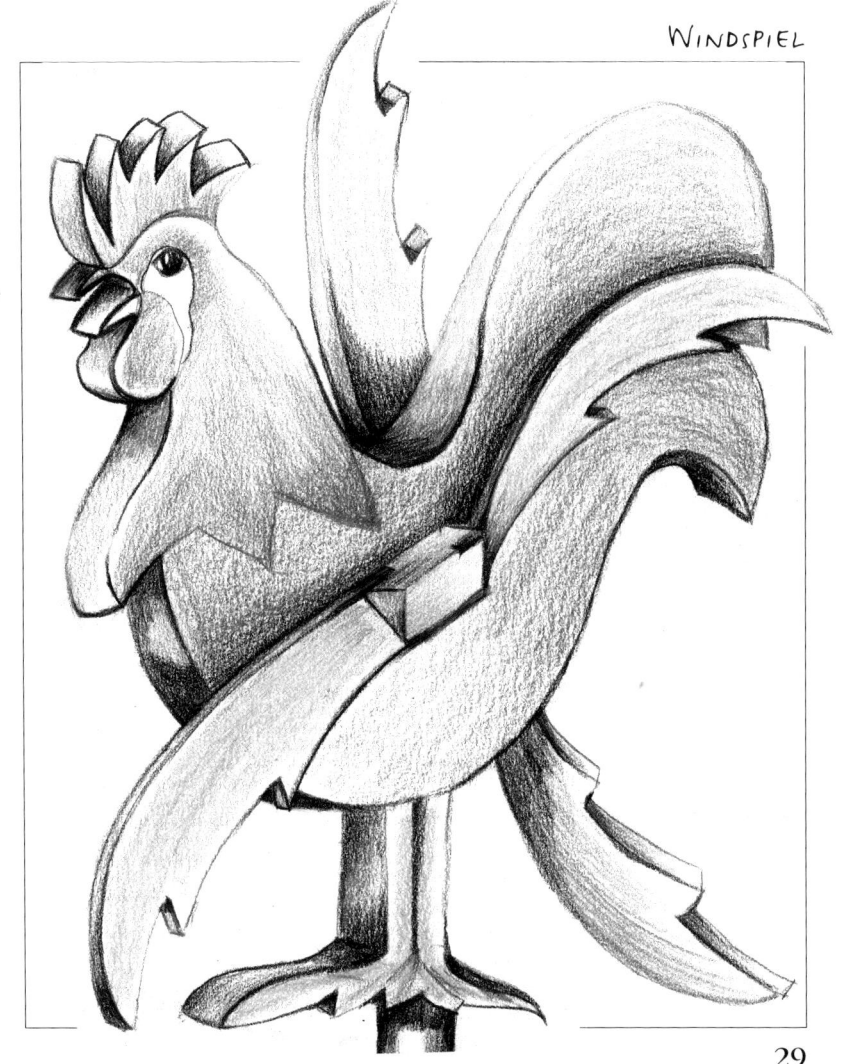

WINDSPIEL

Der Lenz

Da kommt der Lenz, der schöne Junge,
Den alles lieben muß,
Herein mit einem Freudensprunge
Und lächelt seinen Gruß;

Und schickt sich gleich mit frohem Necken
Zu all den Streichen an,
Die er auch sonst dem alten Recken,
Dem Winter, angethan.

Nikolaus Lenau